RÉPONSE
AUX LETTRES
SUR
LE CARACTERE ET LES OUVRAGES
DE
J. J. ROUSSEAU.

BAGATELLE que vingt Libraires ont refusé de faire imprimer.

CLITANDRE ; *en parlant d'Armande.*

Non les femmes docteurs ne font point de mon goût ;
Je confens qu'une femme ait des clartés de tout,
Mais je ne lui veux point la paffion choquante
De fe rendre favante, afin d'être favante.

MOLIERE, Femmes favantes, acte Ier., fcene III.

A GENEVE.

1789.

AVERTISSEMENT.

Je ne connois point d'éloge de Rouf-
feau (1). Tel eſt le prétexte de quelques
lettres qui viennent d'échapper à la pru-
dence ordinaire d'une femme ſavante. On

---

(1) Qu'entend-on aujourd'hui par faire l'éloge
d'un homme célebre ? Etaler ſes vertus, diſſimu-
ler ſes vices, célébrer les talens qu'il poſſéda ,
gliſſer ſur ceux qui lui manquerent , rappeller
ſes ſuccès, excuſer ſes chûtes , amplifier les belles
actions de ſa vie , en ſouſtraire les taches , en
un mot, ſacrifier la vérité à l'éloquence. Depuis
la compagnie qui , au nombre de quarante, a le
privilege de l'eſprit , juſqu'au plus mince tripot
littéraire ; depuis la chaire où tonna Boſſuet, celle
où brilla Fléchier , juſqu'à celles où glapiſſent
nos ſermoneurs provinciaux , s'eſt introduit le
plat uſage de louer indiſtinctement le grand
homme qui a rempli le monde de ſon nom , &
l'homme puiſſant qui étoit oublié avant ſa mort ;
la ſeule choſe qui diſtingue le faiſeur d'oraiſons
funebres du flatteur académique, c'eſt que le premier ment par zele , & l'autre par devoir.

A 2

lit, dans sa préface, qu'elle auroit desiré qu'un autre se chargeât de l'exposé de ses sentimens ; mais sans doute elle s'est bientôt apperçue que l'entreprise seroit périlleuse pour un écrivain délicat, & elle n'a voulu sacrifier à ses principes que sa gloire. Sa jeuneſſe l'a raſſurée ſur ſes forces, & s'imaginant que le temps pouvoit affoiblir quelque chose en elle, elle a prétendu jouir de l'illusion qu'elle se faisoit. Elle a déclaré, d'une maniere remarquable, qu'*elle ne pouvoit consentir à s'attendre*, & elle a agité sa plume avec le courage & la confiance de la pédanterie. L'analyse des œuvres de Rouſſeau, faite par de telles impulsions, devoit causer cette espece d'étonnement, qui reſſemble aujourd'hui à l'admiration. Auſſi a-t-elle eu un ſuccès presque général. L'auteur, en franchiſſant les bornes morales d'un sexe dont l'homme d'esprit n'attend que des sensations, a paru un génie à la multitude ; on a pris le défaut de mesure pour de l'imagination, l'obscurité pour de la profondeur, & jufqu'aux termes impropres pour des hardieffes de ftyle. Pour moi, qu'une vie cynique met à l'abri de ces aveuglemens populaires, & que l'oifiveté livre tout entier à la réflexion, j'ai lu attentivement ces fameufes lettres : le croira-t-on ? j'ai eu l'audace de les trouver ridicules, & la fimplicité de les croire dangereufes ; j'ai vu le mauvais goût employer toutes les diffonances de fon jargon, pour louer le modele du langage fimple & fublime, & s'égarer jufques dans l'hommage qu'il lui rend. Alternativement contrarié & révolté, je n'ai pu retenir toutes les répliques de mon imagination, & j'ai oublié que l'auteur étoit une femme, avec auffi peu d'égard qu'elle l'avoit oublié elle-même. J'ai donc tranfcrit tout ce qui eft arrivé naturellement fous ma plume. J'avoue que ce qui peut choquer cette divinité & le fanatifme qu'elle infpire ne m'a pas arrêté un feul moment, & ce font tous ces blafphêmes qu'on va lire. Je réponds à

chaque lettre suivant l'ordre de sa naiſ-
ſance, & ne fais point de paſſe-droit à l'erreur la plus légere. En fait de ſévérité,
celle de la critique me paroît d'autant plus
permiſe qu'elle eſt preſque toujours inutile. Elle bleſſe d'abord, juſqu'au vif,
l'amour-propre de l'écrivain, & inter-
rompt le cours de ſes glorieux travaux;
mais bientôt les conſolations de la ſottiſe
empoiſonnent en lui un remede ſi ſalu-
taire, & lui rendent pour jamais ſa perfide activité. C'eſt donc ſans prétendre
étouffer au berceau quelques ouvrages,
que je réfute aujourd'hui celui-ci; ce n'eſt
pas même pour lui enlever les admirateurs
qui lui conviennent, c'eſt ſimplement pour
me faire juſtice à moi ſeul du dégoût que
j'ai éprouvé : j'eſpere que ma franchiſe me
met à l'abri de cette indulgence humiliante
que ſollicite ſans ceſſe celui qui ne peut
s'en paſſer, & je m'accommoderai toujours
de cette haine générale qui a fait juſqu'ici
ma tranquillité.

RÉPONSE
AUX LETTRES
SUR
LE CARACTERE ET LES OUVRAGES
DE
J. J. ROUSSEAU.

PREMIERE LETTRE.

CETTE premiere lettre est bien digne de les présider toutes, par le pathos & les contradictions qui la composent ; elle donne d'avance la mesure du jugement qui va régner dans la dissertation. On y trouve d'abord que *Rousseau n'a écrit qu'à l'âge de quarante ans, que parce qu'il falloit que son cœur & son esprit fussent calmés, pour qu'il pût se consacrer au travail, & plus bas, qu'il sentoit trop pour penser, & qu'il ne savoit pas vivre & réfléchir à la fois.* Comment l'esprit peut-il se calmer dans un homme qui ne pense ni ne réfléchit ? Cela ne doit paroître possible qu'à l'écrivain qui pense & réfléchit sans esprit. Et puis n'est-il pas singulier qu'on nous présente Rousseau ayant fait sa route de quarante ans sans la plus petite provision d'idées & de réflexions ! Rousseau ! le plus sensible de tous les observateurs, que tout avoit frappé, que tout avoit ému, qui crut jouir encore en écrivant, & qui ne devint célebre qu'en devenant infortuné ! Pour achever le ridicule de ce premier apperçu d'un grand homme, on compare son début littéraire, *au débrouillement du cahos & à la création du monde* ; c'est-à-dire, on met en parallelle, Dieu, après des siecles d'ennui, bâtissant l'univers, avec les lenteurs de l'oisiveté; & Rousseau, après quarante ans de bonheur, traçant son premier discours avec l'inspiration du génie. Ensuite on répete, sur ce même discours, tous les lieux communs de nos derniers philosophes. *Que l'opinion qu'il a soutenue est paradoxale, qu'il n'aimoit que la nature & haïssoit les ouvrages des hommes, qu'il vouloit les ramener à l'âge d'or, &c.*; mais pour lui faire un nouveau reproche, on prétend qu'il n'a pas su discerner les arts des sciences, & on nous apprend qu'ils diffèrent entiérement entr'eux. C'eſt une vérité un peu connue ; mais du moins c'en eſt une, & l'auteur répete peut-être la vérité pour n'en pas perdre l'habitude. Il dit après que Rouſſeau a eu tort de regarder *le progrès des ſciences comme une cauſe de la décadence des empires, tandis qu'il n'étoit qu'un événement contemporain.* Je répondrois à cette ſavante critique, ſi je ſavois ce que ſignifie *un événement contemporain.* Le temps ne pouvant mettre nul rapport entre deux choſes inanimées, cela me paroît inintelligible. Mais un tort qu'on lui trouve encore, & que Rouſſeau n'a pas avoué dans ſes confeſſions, c'eſt celui de n'avoir pas diſtingué *la félicité des hommes de la proſpérité des empires.* Je crois cela auſſi faux qu'injurieux à ſa mémoire. Rouſſeau ſéparoit ſi bien ces deux intérêts, qu'il ne voyoit que le malheur des hommes dans la proſpérité des empires. Enfin, tout en louant ſa profonde éloquence, on convient *qu'avant de décider cette grande queſtion, il devoit balancer les inconvéniens & les avantages des deux partis, que le bien & le mal ſe trouvent par-tout, qu'il n'appartient pas à l'éloquence de concilier des opinions,* & pluſieurs ſentences de cette force ; mais après avoir ſi bien démontré les inconvéniens du génie , il falloit nous offrir un modele de raison & de talens , sur léquel la docile postérité pût se former , & la docte fille d'un docte ministre , n'y a pas manqué. *Je ne connois , dit-elle , qu'un homme qui ait su joindre la chaleur à la modération , ce* qui doit faire une composition un peu froide ; *qui ait soutenu avec éloquence des opinions également éloignées de tous les extrémes ,* ce qui ne regarde sûrement pas la vérité qui n'a point d'extrêmes ; & *qui ait su faire éprouver , pour la raison , la passion qu'on n'avoit jusqu'alors inspiré que pour les systémes ,* ce qui fait dégénérer la science en culte , & les sages en fanatiques. Cet homme donc , si supérieur à Rousseau , n'a sûrement exiſté que parmi les génies de l'antiquité. Alors la discrétion de sa prosélyte , m'embarrasse & m'étonne. Quel motif lui fait cacher un si grand nom ? Est-ce honte de son érudition ? Est-ce ménagement pour notre ignorance ? Je m'y perds & j'abandonne le fil des recherches.

Le discours sur l'origine de l'égalité des conditions, est traité moins sévérement, mais ne gagne pas plus à être loué. On y étale cette admiration commune qui confond tout dans ce qui la subjugue. Est-il vrai , par exemple , que *c'eſt dans ce diſcours que Rouſſeau a mis le plus d'idées ?* Il n'a cherché qu'à y combattre les nô-tres. Et puis met-on des idées dans un ouvrage ? On y met du ſtyle ; les idées ſont arrivées avant qu'on les tranſcrive. Eſt-ce auſſi *un grand effort du génie, de deſcendre aux ſimples combinaiſons de l'inſtinct naturel ?* Le génie ne fait jamais d'effort ; il ſuit ſans peine les caprices innombrables de la penſée ; il réleve tout ce qu'on ravale, & ſim-plifie tout ce qu'on exalte. On répéte encore ici tous les vieux dictons de la philoſophie : *Que Rouſſeau regrettoit la vie ſauvage ; qu'il avoit ſon genre de miſanthropie ; que ce n'étoit pas les hommes, mais leurs inſtitutions qu'il haïſſoit.* Et on termine encore ce rabachage par un petit reproche, *celui de n'avoir pas regardé comme un don du ciel l'ardeur de connoître & de ſavoir.* Que les eſprits religieux ſont injuſtes ! Non-ſeulement ils prétendent que vous vous ſoumettiez aux ſingeries de leur culte, mais encore que vous ne faſſiez de grandes choſes que d'après leur croyance. Après le ciel, on fait parler la nature. *Elle refuſe*, dit - on, *aux grands hommes les qualités qui rendent heureux.* Il étoit difficile de faire une réflexion plus déplacée, quoique généralement aſſez juſte. Quel mortel a jamais poſſédé plus que Rouſſeau les qualités qui peuvent rendre heureux ? La patience, le

goût de la solitude & le mépris de la fortune ne
l'ont jamais abandonné : il avoit donc toutes les
facultés du bonheur ; mais les hommes pou-
voient - ils laisser sans persécutions un homme
dont la vertu les persécutoit sans cesse ? Il eut
autant d'ennemis que les vices ont de défenseurs ;
tant qu'ils voulurent étouffer les fruits de son
génie, ils trouverent par-tout une gloire invincible ; mais bientôt ils s'acharnerent sur son existence ; ils flétrirent dans l'opinion publique les
actions innocentes d'une vie tranquille : l'écrivain éloquent avoit résisté ; l'homme sensible
succomba.

Après ces faux pas de la critique, on trouve
des louanges emphatiques du style de Rousseau,
qui sont estimables quant à l'intention, mais
dont la forme est d'un ridicule remarquable.
Voici quelques modeles dans ce genre : *La per-*
fection du style semble consister plus encore dans
l'absence des défauts que dans l'existence des grandes
beautés, dans la mesure que dans l'abandon, dans
ce qu'on est toujours que dans ce qu'on se montre
quelquefois, &c. Racine ! premier & dernier modele de la perfection du langage, ta renommée
est anéantie par ce profond jugement. On avoit
admiré dans toi jusqu'ici l'emploi le plus hardi
des mots familiers de notre langue, des beautés

d'harmonie qui donnent la vie à tout ce qu'elles expriment, l'abandon le plus vrai dans les paſſions que tu fais combattre. Eh bien! Racine, il faudra que nous te ſéparions de tout cela, pour te trouver encore parfait. Autre exemple : *Rouſſeau eſt tantôt au-deſſous & tantôt au-deſſus de la perfection ; il raſſemble toute ſa chaleur dans un centre, & réunit pour brûler tous les rayons qui n'euſſent fait qu'éclairer s'ils étoient reſtés épars.* Voilà bien ce qu'on appelloit du galimathias, avant que Thomas ne donnât ſon nom à la déclamation obſcure, & cette phraſe auroit ſûrement obtenu un prix dans ſon école. Mais voici un petit écart d'éloquence que je ne crois pas qu'il eût riſqué, & qui a pourtant échappé à ſon écoliere. *Ah!* dit-elle, *ſi l'homme n'a jamais qu'une certaine meſure de force, j'aime mieux celui qui les emploie toutes à la fois ; qu'il s'épuiſe s'il le faut, qu'il me laiſſe retomber, pourvu qu'il m'ait élevé une fois juſqu'aux cieux.* Sans doute cette image eſt pleine de force & de vérité, & le ſexe de l'auteur ne pouvoit pas percer plus naïvement ; mais je doute que celle qui l'emploie ait la conſcience de l'effet qu'elle produit. La cauſe de l'expreſſion un peu libre dont elle enveloppe ſon idée, n'eſt-elle pas plutôt dans la profondeur de ſon innocence que dans la chaleur de ſon imagination ?

Je le crois avec joie ; & quoique ce qu'on dit
foit plus difficile à juftifier que ce qu'on veut
dire, l'ignorance de l'écrivain fauve clairement
ici fa délicateffe. Mais il eft moins excufable,
pour le françois barbare qu'on rencontre plus
bas. Pour dire que Rouffeau dans fes écrits avoit
toujours le mot propre, il dit *qu'il avoit une
grande propriété de termes*, ce qui veut dire litté-
ralement que prefque toute la langue françoife
lui appartenoit ; il dit auffi que *Rouffeau a eu
tort de fe fervir fouvent d'expreffions de mauvais
goût*. Il devroit citer ces expreffions de mauvais
goût ; il verroit que ce font des termes fimples,
quoiqu'un peu bizarres, que Rouffeau emploie
fans affectation, & qui ajoutent plus à l'énergie
du ftyle, qu'ils ne bleffent l'oreille du lecteur ;
d'ailleurs en relifant les morceaux où font pla-
cées ces prétendues expreffions de mauvais goût,
à peine les diftingue-t-on ; c'eft toujours ou la
paffion qui les entraîne, ou la vérité qui les
amene ; elles ne font donc point déplacées ; elles
ne font donc point de mauvais goût. L'analyfe
de ce difcours finit, felon l'ufage académique,
par un parallele auffi injufte que mal-adroit ; car
il montre Buffon fupérieur à Rouffeau. Le voici
en peu de mots : *Buffon colore fon ftyle par fon
imagination, Rouffeau l'anime par fon caractere ;*

l'un choifit fes expreffions, elles échappent à l'autre.
L'éloquence de Buffon ne peut appartenir qu'à un
homme de génie; la paffion pourroit élever à celle de
Rouffeau. Cette comparaifon me paroît fauffe dans
toutes fes affertions. D'abord Buffon ufe dans
fon ftyle de tous les artifices du grand écrivain,
par conféquent fon coloris tient au travail &
non à l'imagination; enfuite ce n'eft point le
caractere de Rouffeau qui anime fon éloquence;
la fimplicité de l'un contrafte avec l'élévation de
l'autre, & n'eft que le garant de la vertu qu'elle
enfeigne. Buffon choifit fes expreffions, mais
celles de Rouffeau ne lui échappent pas; elles
naiffent tranquillement fous fa plume, & tirent
toutes leurs forces de leur enchaînement. L'étude
& la raifon peuvent fans génie faire marcher un
écrivain fur les traces de Buffon, mais la paffion
feule ne peut que l'égarer fur celle de Rouffeau.
Enfin, il y a auffi peu de rapport entr'eux,
qu'entre l'homme de l'art & l'homme de la
nature.

Dans le morceau fuivant, la lettre de Rouffeau contre l'établiffement des fpectacles à Geneve fubit l'éloge le plus complet. On lui pardonne même d'avoir dit que dans une républi-
que, une grande liberté entre les hommes & les
femmes feroit très-dangereufe; mais on affure

en même-temps que dans une monarchie, *les suf-*
frages des femmes font d'une grande importance.
Pour bien fentir cette grande importance, il faut
être une femme profonde ou un homme mé-
diocre, ce qui eft à peu près la même chofe, &
mon orgueil fufpend ici mon intelligence. On
affure encore que dans notre gouvernement, *les*
femmes confervent plus de fentimens d'indépendance &
de fierté que les hommes, & que la forme des gouver-
nemens ne les atteint pas. Je vois bien dans leur
légéreté le fecret de leur indépendance ; mais je
ne devine point celui de leur fierté , & je par-
tage de bon cœur l'impuiffance du gouvernement
qui ne peut les atteindre. Cependant Rouffeau
qui a l'audace d'écarter les femmes des affaires
publiques, comment obtient-il fa grace d'un fexe
fi puiffant ? Nous l'apprenons ici par ce peu de
mots : *il a cru à l'amour ;* mais on ne dit pas tout :
on ne dit pas que non - feulement il croyoit à
l'amour des femmes , mais qu'il croyoit fouvent
à leur conftance, quelquefois même à leur vertu ;
& qu'à travers les vifs reproches qu'il leur
adreffe , on entrevoit l'homme fenfible prêt à fe
laiffer fubjuguer. Voilà ce dont elles font grand
cas , & ce qu'elles eftiment le plus dans fes écrits.
Aujourd'hui que la galanterie eft fi douce, qu'on
fauve toujours fon cœur dans l'éternel tumulte

des

des fens, les femmes font fort heureufes de pou-
voir citer un écrivain du fiecle qui attefte leur
empire. Cette lettre fur les fpectacles n'eft cependant pas approuvée fans reftriction ; on y condamne l'anathême fuivant au nom de tout le
beau fexe : *Les femmes*, dit Rouffeau dans une
note de ce difcours, *ne font jamais capables des
ouvrages qu'il faut écrire avec de l'ame ou de la paffion.* Celle que ce jugemeut fcandalife croit plutôt à leur incapacité, touchant les écrits purement
littéraires ; on ne peut s'exécuter plus noblement.
Mais ne pourroit-on pas lui répondre que l'un
n'empêche pas l'autre ? Je crois même appercevoir la caufe premiere de cette grande vérité
qui a frappé Rouffeau. Il eft impoffible qu'un
être quelconque, atteint de la fievre imaginaire
de l'amour, puiffe dans les accès de fon mal
compofer des folies dignes de la poftérité ; mais
quand l'illufion eft anéantie, quand la raifon qui
calme tout vient rendre au talent toutes fes facultés, l'homme quelquefois réfléchit fur la paffion qui l'a égaré, & peut alors conferver le
langage de ce qu'il a fenti ; mais une femme paffionnée ne recouvre pas fi aifément fa tranquillité. Elle voyage fans ceffe d'illufion en illufion,
& quand la derniere eft détruite, fon exiftence
eft épuifée ; elle a même fini d'être femme : com-

ment conferveroit-elle ce ftyle brûlant qu'on peut appeller le langage des fenfations ? Sapho n'a écrit ces vers amoureux qui nous font parvenus, que parce qu'elle étoit laide & méprifée de celui qu'elle aimoit ; qu'elle vécut dans les defirs qui infpirent fans enivrer ; qu'elle n'eut point les diftractions du bonheur ; que fa paffion fut, pour ainfi dire, toujours en haleine, & qu'elle n'eut que des plaintes à exprimer. Cette exception de Rouffeau ne prouve donc rien, même dans l'efprit de celle que je réfute ; car elle ajoute, en parlant de Sapho, que *quand les femmes rougiroient d'employer fon langage brûlant, figne d'un délire infenfé, plutôt que d'une paffion profonde, elles fauroient du moins exprimer ce qu'elles éprouvent, cet abandon fublime, cette mélancolique douleur*, &c. Cette phrafe femble menacer le lecteur de quelque livre nouveau d'un genre très-agréable, & dans ce cas la crainte me commande le filence. Il y a tel mauvais principe qu'il ne faut pas fronder, de peur de le voir mettre en pratique ; & je me hâte de paffer à la feconde lettre.

SECONDE LETTRE.

Cette lettre eſt entiérement conſacrée à la nouvelle Héloïſe. L'apologie de ce roman immortel devoit paroître ſuſpecte dans la bouche d'une femme; auſſi à travers l'enthouſiaſme qu'on veut étaler dans celle-ci, on voit percer des critiques qui tiennent au ſexe, des reproches qui échappent à l'amour-propre, & cette rigueur verbale, ſeul reſte aujourd'hui de l'honneur féminin. Je ne m'attacherai point à relever les expreſſions vicieuſes ou précieuſes de cette lettre (la précédente à cet égard m'a donné aſſez de mal). Je me contenterai de prouver que cet enfant du cœur de Rouſſeau a été méconnu, tant par ce que l'erreur a loué en lui, que par ce que l'injuſtice y a blâmé.

Pour ſe tromper ſur les amours de Saint-Preux & d'Héloïſe, il falloit ſe tromper ſur l'amour même, & en cela ſeul l'apologiſte eſt conſéquente. J'ai remarqué que toutes les fois qu'on a voulu raiſonner ſur l'amour on a déraiſonné complétement. Les uns en calculant ſes dangers, en ont fait un vice ; les autres en lui prêtant une morale en ont fait une vertu, & tous ont prouvé

qu'ils n'avoient jamais reffenti ce dont ils par-
loient. Mais dans cette lettre, l'erreur eft à fon
comble. On affigne à l'amour des vertus par-
ticulieres, comme la bienfaifance , l'humanité,
la douceur & la bonté, & on croit l'épurer en
raprochant fon culte de celui de la religion :
quelle froide conception ! Comment ne fent-on
pas que l'amour met en un inftant l'homme qu'il
égare à la merci de tous les vices & à la portée
de toutes les vertus ? que d'un caprice il fait un
héros, & d'un autre caprice un monftre ? L'amant
heureux eft humain, l'amant jaloux eft féroce,
l'amant timide eft patient , l'amant adroit eft
perfide : quelquefois tous ces fentimens oppofés
fe fuccedent en un moment dans le cœur de
l'homme paffionné , & fon véritable caractere
eft de n'en conferver aucun. Si on donne à l'a-
mour, des principes, de la mefure, des bornes
enfin, ce n'eft plus l'amour, ce n'eft plus qu'un
de ces penchans froids & manierés, que l'ennui
fait naître fouvent dans la tête d'un fot, & qu'il
couronne dans les bras d'une bégueule. Mais
des réflexions plus étendues fur l'amour feroient
aujourd'hui fort déplacées, & je ne m'en fuis
permis quelques-unes que parce qu'elles tiennent
à mon opinion fur l'Héloïfe , & qu'elles vont me

fervir de bafe pour la défendre des cenfures ridicules & des louanges humiliantes.

On croit d'abord *qu'il eſt dangereux d'intéreſſer à Julie, & que c'eſt répandre du charme ſur le crime.* Voilà donc Julie criminelle, & par conféquent digne du dernier fupplice ! Jufqu'ici on ne l'accuſoit que d'un inftant de foibleſſe, dont elle ne ſe rend coupable que pour ſe montrer après le modele des femmes. Il fembloit même qu'en délivrant ſon ſexe des préjugés de la virginité, elle l'agrandiſſoit aux yeux du nôtre ; mais la pédanterie ſe met au-deſſus de toutes les nuances, & par conféquent les confond toutes. Car ſi la femme qui ſuccombe paroît criminelle, que paroîtra celle qui ſe livre ? Cela eſt embarraſſant ; d'ailleurs a-t-on le droit parmi nous d'être ſi févere, & une foibleſſe ne paroît-elle un crime que dans un roman ? En ce cas celle de Julie méritoit peut-être de faire exception, ſans que l'exemple de ſa vie entiere pût tirer à conféquence. On voudroit auſſi que Rouſſeau *n'eût peint Julie coupable que par la paſſion de ſon cœur.* Mais alors elle n'eût pas même été coupable, car on peut déguiſer ſon cœur, mais non le maîtriſer ; elle eût feulement été moins vraie, moins touchante, moins enchantereſſe. Que je plains le cenſeur glacé qui voudroit priver la poftérité

des tranfports qu'il ne peut éprouver en fortant ;
avec Saint-Preux, du bofquet de Clarens! On jouit
à cette lecture d'une émotion qui confond l'ame
avec les fens , & donne un éclair de bonheur à
l'être le plus infortuné. Mais je devine le tableau
qu'on préféreroit à celui-ci. Celui d'une jeune
fille , concentrant dans fon cœur les feux hor-
ribles d'une véritable paffion , reculant d'horreur
à l'afpect de l'amour heureux , & fe faifant reli-
gieufe pour fervir de modele aux femmes ten-
dres. Voilà ce qui s'appelleroit un roman honnête , & je fuis furpris que celle qui trouve
Julie fi criminelle n'ait pas mis ce fujet en action,
pour faire tomber la nouvelle Héloïfe.

Après cette premiere cenfure , on nous étale
un principe d'une morale bien profonde. C'eft
que *l'indulgence eft la feule vertu qu'il foit dangereux
de prêcher , quoiqu'elle foit utile à pratiquer.* Il me
femble que l'indulgence n'eft maintenant ni dangereufe d'une façon , ni utile de l'autre, car les
femmes qui en ont le plus befoin font celles
qui favent le mieux s'en paffer ; d'ailleurs Julie
ne la prêche pas , elle la commande : comment
ne pas excufer une faute qui amene tant de
vertus ? Ah ! fa défaite eft une fuite fi rapide &
fi naturelle du fentiment qui la pénetre, qu'on
lui pardonneroit peut-être moins d'avoir fu fe

vaincre. On voudroit nous perfuader auffi que *Rouffeau croyoit lui-même fon ouvrage dangereux*, *qu'il croyoit n'avoir écrit en lettres de feu que les amours de Julie*, & *qu'il craignoit que l'image du bonheur tranquille de Madame de Volmar ne parût fans couleur auprès de ces tableaux brûlans*. Rouffeau étoit fi loin de toutes ces craintes, qu'on voit dans fa préface qu'il n'a fondé la moralité de fon livre que fur les deux dernieres parties ; qu'il prie le lecteur fcandalifé par les premieres, de pourfuivre avec courage jufqu'à la fin, & qu'il le défie alors de lui refufer fon eftime. Pourquoi lui ôter un des plus beaux atributs de fon génie, cette noble affurance de l'écrivain vertueux ? C'eft cela que je trouve coupable, & il n'y a pas d'éloges emphatiques qui puiffent replâtrer cet outrage. Défions-nous donc des demi-admiratéurs. Le poignard & l'encenfoir font fouvent dans la même main.

Enfuite on bénit Rouffeau *pour avoir refpecté l'amour conjugal*, & on avance que dans l'Héloïfe il a voulu prouver *qu'il eft fait pour nous rendre heureux*. D'abord Rouffeau donne Julie pour modele, mais non pour exemple. Il l'avoit trop élevée pour qu'il prétendît mettre à notre ufage les grandes qualités qu'elle déploie. En-fuite il n'a point voulu prouver que le mariage fût fait pour le bonheur , car il a voulu prouver le contraire dans la fuite d'Emile, où, après avoir uni Emile & Sophie , il traverfe un fi beau nœud par tous les revers qu'amene la société. Il regardoit donc le mariage plutôt comme un mal néceffaire que comme un bien réel , & il fe feroit un peu méfié de nos triftes époux, qui fe vantent par-tout d'un bonheur auquel fouvent ils font condamnés. Car, à quoi ne met-on pas de la vanité ? On veut paffer pour être heureux , afin qu'on vous croye digne de l'être. On ne réfléchit jamais que le vrai bonheur eft fans renommée , & que le moindre bruit le fait évanouir,

Delà on convient que la retraite de Madame de Volmar , eft un tableau enchanteur de la vie champêtre. On admire *le bonheur qu'elle fait goûter à fon époux ; l'éducation qu'elle deftine à fes enfans, l'exemple qu'elle donne à tout ce qui l'entoure*, furtout *les confolations qu'elle trouve en fa confiance en fon dieu* ; &, en faveur de ce dernier prodige , on veut bien accorder à Rouffeau d'avoir fait un roman moral. Cependant on revient encore fur le *crime de Julie* , & on ajoute que *fa vertu pure, perd fon charme en reffemblant au repentir.* Quelle froide abfurdité ! N'eft-il pas attendriffant, au contraire , de voir Julie parvenue à l'eftime de son amant, conserver son repentir, au milieu des heureux qu'elle fait , comme la derniere trace , & le frein éternel de son amour. Cette humilité de sentimens , qui tient même à la morale chrétienne, & qui n'en est pas moins touchante , ne devroit - elle pas désarmer la rigueur d'une femme pieuse ? Mais que seroit la dévotion sans cette sainte rigueur ? & puis pour faire un peu de cas de sa sagesse , il faut bien tonner sans cesse sur les foiblesses humaines.

On admire beaucoup les deux fameuses lettres sur le suicide, mais on décide que celle qui le défend est bien supérieure à celle qui le condamne; &, à travers toutes les raisons qu'on en donne, on prétend que *Rousseau se sentoit né pour être malheureux , & qu'il craignoit de s'ôter sa derniere ressource en se persuadant lui-même.* Tout cela me paroît encore faux & injurieux à sa mémoire. Depuis quand la réponse d'Édouard Boomiton n'est - elle pas foudroyante pour l'homme foible qui n'a que la mort à opposer au malheur ? L'éloquence de Saint - Preux est celle du désespoir, celle d'Édouard est celle du courage. Pour qui Rousseau pouvoit-il pencher dans ce sublime plaidoyer ? étoit-ce pour le désespoir, lui qui toute sa vie opposa la patience à l'infortune & l'oubli à l'outrage ? *se sentoit-il né pour être malheureux*, lui qui méprisoit ses ennemis, qui ne répondit jamais à leurs calomnies, & qui étoit si pénétré de ses vertus qu'il finit par plaindre les hommes qui le haïssoient ? Il se croyoit donc digne d'un meilleur sort, non par orgueil, mais par cette estime naïve que l'honnête homme a pour lui-même. Pouvoit-il enfin regarder le suicide *comme sa derniere ressource*, lui pour qui la plante la plus simple étoit une consolation, qui pleuroit de joie au lever du soleil, & qui mettoit tant de prix à tout ce que les hommes dédaignent?

Viennent après des critiques sur le style de Julie, qui sont dignes d'une pédante du marais. On trouve que *la modestie & la convenance d'une femme, même coupable, lui manquent dans plusieurs lettres*; comme si la passion étoit subordonnée à la convenance & à la modestie. C'est à une femme galante à conserver, si elle peut, dans son désordre, l'expression de la modestie; mais Julie doit mettre dans son style tout le feu de son cœur, & si elle montroit plus de retenue, elle paroîtroit fausse, ce qui est peut-être aujourd'hui le synonyme de modeste, tant ce genre a été perfectionné. C'est une grande imprudence que de juger à froid un roman tel que l'Héloïse; on ne se transporte jamais où la

ſcene s'eſt paſſée ; on ne ſuppoſe jamais en ſoi
les tranſports des deux amans ; alors on n'eſt
que ce qu'on peut être, c'eſt-à-dire un froid
diſſertateur ; on rougit d'écouter ſon cœur, &
on ne rougit pas d'écouter ſon eſprit. Que de
chances pour être ridicule !

Après avoir découvert que Julie étoit im-
modeſte, on s'apperçoit qu'*elle fait à Saint-Preux
des ſermons continuels qui ſont déplacés. Une femme
coupable*, dit-on, *peut encore aimer la vertu, mais
il ne lui eſt plus permis de la prêcher*. Oubliera-
t-on toujours que c'eſt de Julie dont on parle ;
ce qu'on blâme ici eſt un des plus beaux tours
de force du génie, & peut-être ce qui met
Rouſſeau au-deſſus de tous les romanciers. De
tout temps les femmes n'ont jamais tant parlé
vertu qu'au moment même où elles perdent ce
qu'elles appellent la leur. En célébrant l'idole
qu'elles viennent de briſer, elles s'imaginent lui
rendre ſa premiere forme. Eh bien ! ce même
moyen, auſſi uſé dans les romans que dans les
boudoirs, Rouſſeau l'emploie d'une maniere ſi
franche & ſi perſuaſive, il met la morale la plus
pure dans la bouche d'une femme ſi ſupérieure
à ſon ſexe, qu'il produit alors tout l'effet de
la vertu en action. Le ſouvenir de ſa faute
donne à Julie une éloquence douce & péné-

trante que n'a jamais l'auftere fageſſe. C'eſt une de ces divinités qui defcendoient jadis fur la terre, partageoient les foibleſſes des mortels, & reprenoient tout leur éclat pour leur enfeigner la vertu. Saint-Preux même eſt prefque honteux d'avoir triomphé d'une femme fi au-deſſus de lui. Il gémit, dans les intervalles de fa paſſion, d'avoir rendu moins parfait l'objet qu'il a poſſédé ; mais bientôt il l'en admire davantage de fe montrer fi grande après avoir été fi foible, & il met fa gloire à imiter celle qu'il n'a point rougi de corrompre. Faut-il conteſter après cela à Julie le *droit de prêcher la vertu?* Qui lui donneroit plus de charmes qu'elle ? je l'ignore, & je crois que fi l'on n'accordoit qu'aux faintes le privilege de l'enfeigner, elle perdroit bientôt le peu de crédit qu'elle a. En général le faſte de févérité eſt toujours déplacé dans nos mœurs ; la vraie philofophie la condamne. Elle ne fait plus dépendre l'honneur des femmes d'une furprife de fens. Il eſt d'autres vertus pour elles que la fotte privation des plaifirs. L'humanité, la douceur, l'amitié, voilà tout ce qu'on admire en elles aujourd'hui, & un amant ne déshonore pas plus une femme de mérite, qu'un mauvais ouvrage ne corrige une femme auteur.

L'aimable Claire n'eſt pas épargnée dans ce terrible examen : on y articule que *ſes plaiſan-teries manquent de goût & de grace, & qu'il faut, pour atteindre à la perfeſtion de ce genre, avoir acquis à Paris cette eſpece d'inſtinſt qui rejette tout ce que l'examen le plus fin condamneroit.* J'avoue que, juſqu'à préſent, j'avois trouvé du naturel dans le badinage de Claire, & même la grace de la ſimplicité, ce qui peut-être n'en eſt plus une ; mais je ne me ſerois jamais imaginé que Rouſſeau eût dû étudier le ton qui regne à Paris *pour atteindre à la perfeſtion de ce genre.* C'eſt apparemment notre illuſtre bonne compagnie que l'on déſigne ici pour modele. En ce cas je doute que Rouſſeau eût aſſez compris ſon jargon pour en traduire les beautés dans ſes ouvrages : il y eût vu la liberté de l'indécence, la gaîté de la cohue, des jeunes gens engoncés dans leur toilette, des femmes qui ont recours aux mines pour ſe faire entendre, & ſa modeſtie l'eût fait fuir tant d'agrémens. Mais ce même homme, qui eſt *ſi peu propre à écrire gaîment,* ne fait-il pas une ſatyre aſſez fine de nos mœurs dans le voyage de Saint Preux à Paris ? & le véritable ſel de l'eſprit dont ſa lettre eſt aſſaiſonnée, n'eſt-il pas un peu préférable à toutes les contorſions de la gaîté actuelle ? Je n'ofe prononcer fur une queftion auffi embarraffante.

Enfin, on finit par admirer cette dernière lettre de Julie mourante, qui eft au-deffus même de l'admiration. Elle eft pourtant fort heureufe de mourir en chrétienne, car je doute que, fans cette formalité, on lui eût pardonné de faire à fon amant un adieu fi paffionné. Mais comment la converfion fubite de M. de Volmar a-t-elle pu échapper au zele de la panégyrifte ? En faveur de cette cure admirable, ne pouvoit-elle pas paffer à Julie *fon crime, fon immodeftie, & fes fermons déplacés ?* On ne peut qu'être étonné de fon filence à ce fujet. Mais eft-elle bien fûre elle-même d'avoir fait l'éloge de la nouvelle Héloïfe ? J'en doute. Elle a eu l'ambition d'avoir une façon de penfer fur un fi beau roman ; en conféquence elle s'eft débarraffée, fur le papier, de toutes les idées qui la tourmentoient ; elle y a joint le pathos que donne toujours un peu trop d'éducation, & du tout a fait un chapitre. Cela pouvoit être un éloge ; cela ne s'eft trouvé qu'un rêve ; voilà je crois comment cet accident eft arrivé.

TROISIÈME LETTRE.

Ce prétendu hommage à l'auteur d'Emile eſt préſenté à peu près dans la même forme que le précédent; on y débute ainſi par l'admiration la plus fanatique, mais quand il s'agit de la motiver, on y met des modifications minutieuſes, on y joint des critiques étourdies & des comparaiſons choquantes. N'eſt-il pas ſingulier de voir une femme porter ſon foible regard à la hauteur d'Emile, & le juger avec l'aſſurance de la profondeur ? la lecture d'un ſi bel écrit n'étoit-elle pas déjà pour elle un fardeau aſſez embaraſſant ? quand Rouſſeau le compoſa, il prétendit que les enfans devinſſent des hommes & que les femmes fuſſent des nourrices, & il ne s'attendoit pas qu'un jour ſes ſublimes leçons feroient difféquées par une des berceuſes du genre humain. Il regardoit la ſanté des enfans comme le plus beau profit de la tendreſſe maternelle, & il la bornoit à ce bienfait; il auroit donc condamné dans cette lettre juſqu'à l'enthouſiaſme qu'il inſpire, & il eût répondu : entendez - moi, ou ne me louez plus.

On y entre d'abord en matiere par un principe faux : *l'homme*, dit-on, *reçoit trois éducations : celle de la nature, de son précepteur & du monde, & Rousseau a voulu confondre les deux premieres.* Il est prouvé que les trois quarts des hommes ne passent pas par l'éducation du précepteur, & puis Rousseau lui-même n'est pas le précepteur d'Emile, il est son second pere ; la nature lui confie ses droits, il la remplace par l'attachement le plus tendre, & supplée à ce qui lui manque par une raison surnaturelle. Est-ce donc là un précepteur ? un de ces pédans domestiques qui vendent leur science à une famille, en la faisant haïr à leurs éleves, & l'Emile au contraire n'a-t-il pas aboli l'emploi de ces plats instituteurs ? après nous avoir assujetti à *ces trois éducations*, on regrette que *les femmes, s'élévant au-dessus de leur sort, n'osent prétendre à l'éducation des hommes.* Quel dommage que leur timidité les prive de tant de gloire ! & que de grands hommes se formeroient à leurs genoux en voyant la récompense si près du travail ! Je crois cependant que les progrès seroient un peu lents, que la morale, la politique & les beaux arts seroient un peu défigurés dans la bouche des femmes, & que nous aurions besoin de tout l'instinct de notre sexe

pour

pour corriger l'influence du leur ; ces doutes paroîtront peut-être bien coupables dans cette circonftance, mais en relifant la propofition on leur rendra plus de juftice, & la force du ridicule leur prêtera même un air de géné-rofité.

On doit être auffi fort étonné de rencontrer le principe fuivant dans un commentaire fur Rouffeau : *il eft un genre d'expérience qu'on doit retarder le plus poffible, c'eft la connoiffance des vices des hommes.* Quand on croit dire une grande vérité, c'eft fans doute à fon fiecle qu'on en deftine le profit, & dans ce cas, je ne vois pas l'avantage que le nôtre pût tirer de celle-ci; quelle connoiffance eft plus utile au contraire que celle de tous les vices des hommes, quand on eft parvenu comme nous à les confondre avec nos ufages. Plus leur diverfité eft grande, plus leur diftinction eft importante. Rouffeau partageoit cette opinion avec tous les connoif-feurs du cœur humain, & il l'auroit fûrement développée s'il eût deftiné fon Emile aux orages du grand monde. Il lui donne l'expérience d'une vie active, il lui auroit donné cette vie pa-rafite; & le livrant aux enchantemens d'Ar-mide, il lui auroit préfenté le miroir du che-valier Danois. N'offrir à la jeuneffe que le tableau sévère des vertus des hommes, c'est s'impofer la loi d'y enchaîner fans ceffe fes regards, & la cond mner au bonheur dans l'efpace le plus refferré.

Mais quel charme une femme, bel-efprit, peut-elle goûter en nous expliquant l'Emile, puifqu'*elle ne fait pas fi elle fuivroit pour fon fils la méthode de Rouffeau, & qu'elle croit que fa vanité voudroit le former pour un état déterminé.* Rouffeau n'a-t-il pas là une grande profélyte ? elle a bien le courage d'exalter fes préceptes, mais elle n'auroit pas celui de les fuivre; elle veut paroître paffionnée pour le plus beau de tous les fyftêmes, & elle ne lui facrifieroit feulement pas fon ambition; peut-être auffi veut-elle nous faire fentir le prix de ce dont elle s'éloigne, mais tant de recherche eft inutile; les productions de Rouffeau n'ont pas befoin d'ombres pour nous enchanter, & à l'afpect de fon génie, l'éloge & la fatyre font confondus dans le néant.

Je crois que cette mere fi difficile n'eft tentée de priver la gloire de Rouffeau de l'éducation de fon fils, que pour fe venger de ce que dans l'Emile, il ne met pas à l'éducation des femmes la même importance qu'à la nôtre; elle lui paffe bien de vouloir donner à l'homme toute fon

énergie, mais elle ne lui pardonne pas de vouloir fortifier la femme dans sa foiblesse ; *elle voit
d'abord la nécessité de leur inspirer des vertus que les
hommes n'ont pas.* Mais si Rousseau ne leur accorde pas tant de facultés qu'à nous, il n'attend
pas non plus d'elles les mêmes efforts ; il ne leur
demande que cette douceur qui calme seule nos
emportemens, cette patience qui ramene seule
notre constance, cette aimable ignorance qui
leur sauve tant de ridicules. Elle croit aussi *qu'une
grande force d'ame leur est nécessaire, dans un pays
où leurs passions & leur destinée sont en contraste,
où le sort leur impose souvent la loi de n'aimer
jamais, & où elles doivent accorder tous les droits
de l'amour & s'interdire tous les plaisirs du cœur.*
Mais si dans ce pays la force d'ame est si nécef-
saire pour accorder leurs passions & leur destinée, comment en voit-on si peu souffrir de la
contrainte? Si la force d'ame leur est si nécessaire
pour s'impofer la loi de n'aimer jamais, pourquoi
s'expofent-elles avec tant d'ardeur aux dangers
de la tentation ? Si enfin la force d'ame leur est
si nécessaire pour céder aux droits de l'amour
& s'interdire les plaisirs du cœur, comment voit-
on tant d'époux si indifférens & si peu d'amans
mécontens ? Ah ! dans ce pays, c'est plutôt la
retenue qui leur est nécessaire, ou du moins ce

reste de pudeur qu'on appelle my*stere*, & qui rend leurs plaisirs plus vifs & leur honte moins célebre.

On fait ensuite à Rousseau une critique qui porte avec elle toute l'injustice de la légéreté ; on lui reproche d'avoir peint dans le supplément d'Emile, *Sophie trahissant son époux, & d'avoir par-là condamné lui-même son éducation.* Mais de qui Rousseau a-t-il fait l'éducation ? C'est d'Emile seul, je crois. Quel étoit son but principal ? N'é-toit-ce pas de former sa jeunesse à l'exercice de toutes les vertus, mais en même-temps de forti-fier son ame à l'éprenve des plus grands mal-heurs ? Il devoit donc avilir Sophie pour mettre Emile au comble de l'infortune, livrer son cœur aux coups du désespoir, & lui rendre nécessaires les secours de la raison. C'est dans ce sublime combat qu'on voit alternativement Emile en proie aux transports déchirans de l'amour trahi, & calmé par cette tendre indulgence qu'inspire encore le crime de l'objet aimé. Pour nous offrir un tableau si touchant, Rousseau ne pouvoit il pas supposer le déshonneur d'une femme, sans paroître un visionnaire aux yeux même de ce sexe ? D'ailleurs cette suite d'Emile n'est qu'un fragment, & l'on entrevoit qu'il n'abaisse un instant Sophie que pour montrer Emile plus

grand, qu'il vouloit la rendre un jour à la vertu
en l'éloignant d'un monde corrompu, & la réunir à son époux par l'oubli d'une faute expiée.
Une femme doit-elle perdre à jamais notre estime, pour avoir oublié un moment son cœur
dans l'abandon de ses sens? Si la honte vient
bientôt l'éclairer, n'est-elle pas encore digne de
tous nos hommages? Et le sentiment de sa foiblesse ne lui donne - t - il pas alors plus de force
sur elle-même que la confiance de la plus froide
sagesse?

On ne s'attendoit pas, je crois, à entendre
répéter en parlant d'Emile, *qu'on est frappé avec
raison du mauvais goût que Rousseau se permet.* Il
est vrai qu'on ajoute que *son style paroît cons-
tamment naturel*, ce qui détruit bientôt l'idée de
ce blasphême. L'inconséquence a une grande propriété; c'est que n'étant jamais pénétrée de ce
qu'elle écrit, on trouve toujours dans l'incohé-
rence de son langage, ou le contrepoids de sa
critique, ou le correctif de ses louanges. Trouver
que Rousseau *se permet du mauvais goût*, c'est
s'en permettre sans s'en appercevoir : alors rien
n'est étonnant, parce que tout est relatif; la sim-
plicité pure & majestueuse du style de Rousseau
ne doit pas être sentie par une femme dont le
style n'est que recherche & prétention, car si elle

le fentoit elle jetteroit vîte au feu tout fon ba-
vardage. Alors elle ne feroit plus elle ; elle effa-
ceroit fon ridicule, & parviendroit peut-être à
nous tromper. Nous préferve le ciel d'une pa-
reille révolution ! car aujourd'hui que le même
vernis colore les êtres les plus contraftans, il n'y
a plus que les ridicules qui les diftinguent.

Ces lettres étant confacrées aux découvertes
les plus fingulieres, on nous y apprend *que Rouffeau croyoit à l'exiftence de Dieu par fon efprit &
par fon cœur.* D'un trait de plume, voilà Rouffeau
transformé en pere de l'églife ; mais heureufe-
ment la force de fes écrits lui enleve une gloire
fi canonique. Sans doute il croyoit en Dieu par
fon cœur ; mais il lui falloit toute la fenfibilité
de ce cœur, pour que les lumieres de fon efprit
ne le convertiffent pas tout à fait. Souvent fon
efprit étoit frappé de doutes innombrables fur le
merveilleux de notre religion, & fes doutes ne
s'évanouiffoient que par la contemplation de la
nature entiere. Les actions des hommes & les
crimes des prêtres affoibliffoient fans ceffe le
fentiment de fa croyance ; & pour la conferver,
il fut contraint de la changer en aveuglement.

Mais fans doute le morceau le plus curieux de
tout l'ouvrage, eft celui que nous a attiré la profeffion de foi du vicaire favoyard. Jamais hom-

mage n'eut une forme plus infultante que celui qu'on rend ici à l'auteur de cet aveu fublime. On le loue d'abord *d'avoir été le feul homme de génie de fon temps, qui refpeêtât les pieufes penfées dont nous avons tant befoin* ; ce dont par bonheur il fe juftifie dans fa lettre à l'archevêque de Paris, où l'on voit la morale naturelle plaifanter finement la piété, fur tout le mal qu'elle fe donne pour être moins vraie qu'elle. Enfuite on prononce *que la profeffion de foi du vicaire favoyard étoit juflement admirée, comme une fuite de raifonnemens forts & profonds, qui formoient un enfemble d'opinion que l'on adoptoit avec tranfports, au milieu des égaremens des fanatiques & des athées.* Ce mot *étoit* ftupéfie le leêteur, avant même qu'il ait vu plus loin ce qui l'occafionne ; fon imagination s'exerce en vain à découvrir comment a pu déchoir aujourd'hui, ce qui encore hier étoit fi grand. Il rêve un moment que le ciel & la terre font réunis, & que le bonheur du genre humain rend inutile ce qu'a tracé le génie de Rouffeau ; mais en pourfuivant, l'illufion & l'étonnement fe diffipent bientôt, pour faire place à ce dégoût involontaire qu'amene la profondeur du ridicule. Je vais citer le paffage en entier, en l'offrant comme le chef-d'œuvre de l'engouement pédantefque. *La profeffion de foi du vicaire favoyard étoit* justement admirée, &c. mais cet ouvrage n'étoit que le précurseur de ce livre, époque dans l'histoire des pensées, puisqu'il en a reculé l'empire ; de ce livre qui semble anticiper sur la vie à venir, en devinant les secrets qui doivent un jour nous être dévoilés ; de ce livre que les hommes réunis pourroient présenter à l'Être suprême, comme le plus grand pas qu'ils ont fait vers lui ; de ce livre que le nom de son auteur consacre en le mettant à l'abri du dédain de la médiocrité, puisque c'est le plus grand administrateur de son siecle, le génie le plus clair & le plus juste, qui a demandé d'être écouté sur ce qu'on vouloit rejetter comme obscur & comme vague ; de ce livre dont la sensibilité majestueuse & sublime peint l'auteur, aimant les hommes, comme l'ange gardien de la terre doit les chérir. Cette fois-ci il faut nécessairement deviner celui que cette phrase énorme accable de son poids ; car pour l'achever, l'écrivain cruel avoue que c'est son pere. Il est donc clair que le vainqueur de Rousseau est l'auteur de *l'Importance des opinions religieuses.* Jusqu'à présent, il étoit permis d'abuser de la tendresse filiale, quoiqu'il fût reçu d'en user fort sobrement ; mais n'est-ce pas la livrer à la risée publique, que de s'enfler soi-même dans l'adoration de son sang, de voir de grands talens où il n'y a que de l'astuce, & d'opposer l'orgueil du déclamateur à la fimplicité du génie? Car enfin, *ce livre, époque dans l'hiftoire des penfées*, ne fera point l'ere de la raifon pour la poftérité philofophe ; *ce livre, qui femble anticiper fur la vie à venir, en devinant les fecrets qui doivent un jour nous être dévoilés*, répand autant d'ennui fur la vie actuelle qu'il donne d'indifférence pour la fin du monde ; *ce livre, que les hommes réunis pourroient préfenter à l'Être fuprême, comme le plus grand pas qu'ils ont fait vers lui*, reftera fur la terre & chez le libraire, comme une de ces amplifications religieufes aux-quelles Dieu nous expofe ; *ce livre, que le nom de fon auteur confacre en le mettant à l'abri du dédain de la médiocrité, puifque c'eft le plus grand admi-niftrateur de fon fiecle, le génie le plus clair & le plus jufte,* n'eft ni par lui-même, ni par fon auteur, à l'abri du dédain de perfonne, parce qu'il n'exifte point aujourd'hui d'adminiftrateur qui en im-pofe, encore moins de génie clair & jufte, puif-que les affaires ne fe débrouillent point, & que les injuftices fe fuccedent toujours. Enfin, *ce livre, dont la fenfibilité majeftueufe & fublime peint l'auteur aimant les hommes, comme l'ange gardien de la terre doit les chérir,* nous peint l'auteur aimant Dieu beaucoup plus que les hommes, & plutôt fait pour être un ange gardien que pour devenir un grand miniftre.

N'eſt-il pas fou d'imprimer que c'eſt de ce même livre dont le diſcours hardi du vicaire Savoyard n'eſt que le précurſeur, ce qui en fait une eſpece de préface, c'eſt-à-dire, ce qu'il y a de plus humble dans la littérature? Je ne vois même pas le rapport qu'il y a pour le fond entre ces deux ouvrages; l'auteur de la profeſſion de foi, n'eſt pénétrée que de la religion naturelle; l'auteur de l'Importance des opinions religieuſes: l'affoiblit par le chriſtianiſme: le premier eſt indifférent ſur tous les cultes, parce qu'il ne voit en eux, dans les différentes contrées de l'univers, qu'une police également utile, & qui contient chaqué peuple dans ſon devoir; l'autre tient au ſien avec une chaleur aveugle, & lui aſſujétit la morale, qui parle plus clairement à l'homme que toutes les viſions céleſtes: l'un fuit le genre-humain ſur la hauteur des montagnes, & reconnoît Dieu dans la ſplendeur de la nature; l'autre s'environne de prêtres & d'ornemens, pour ſe perſuader de ſon exiſtence: enfin, ce qui fixera à jamais ſur eux l'opinion de la poſtérité, c'eſt que l'Emile a été couronné par le feu du bourreau, & que l'Importance des opinions religieuſes a été flétrie par un prix académique.

Ici la docte chrétienne s'arrête, & demande

pardon à Rousseau d'avoir interrompu son éloge si à propos, pour s'abandonner à celui de son pere ; je l'imite, car je crains aussi d'avoir irrité ses mânes, en l'opposant à ce pere si chéri. Sa fille a beau nous assurer que Rousseau eût adoré celui qui sera un génie pour la postérité, comme il l'est pour son siecle ; que Rousseau eût eu besoin de louer celui *qu'elle aime tant de près, & qu'elle respecte si fort de loin* ; je doute que l'homme de génie eût jamais carressé l'homme d'état, & que la fiere tranquillité de l'un se fût sacrifiée à la sourde ambition de l'autre.

QUATRIEME LETTRE.

Rendons grace au style un peu abstrait des œuvres politiques de Rousseau, car c'est à lui à qui nous devons le peu d'étendue de cette lettre. On a beaucoup loué Fontenelle, pour avoir mis à la portée de tout le monde, des ouvrages purement académiques ; mais on seroit tenté de l'en blâmer, si l'on réfléchissoit à tous les jargons que cela introduit dans le monde, à tous les jeunes gens que cela a fait discourir, & à toutes les femmes que cela a rendu insupportables. Rousseau a cru peut-être que la politique étoit susceptible du même danger , & dans ses plans majestueux de légiflation , il a voilé , pour la plupart des lecteurs , la profondeur de ses penfées ; il vouloit le bonheur du monde , jufques dans le filence de la fociété. Quoi qu'il en foit , le Contrat focial éprouve ici un jugement très-modefte, & l'embarras du juge lui a donné une fois le ton qui lui convient. Mais on reprend bien vîte le ton décifif , dès qu'il ne s'agit plus que de rapprochemens & de comparaifons. On y blâme Rousseau d'exiger l'affemblée générale de tous les individus , pour conftater leur liberté ; & on appelle cela *de l'enthoufiafme de projet, & de l'exagération.* Mais il me femble que fi la méfiance des peuples fur l'intégrité de leurs repréfentans , pouvoit les amener à cet accord unanime , feule bafe d'une liberté réelle , Rousseau n'auroit point paffé les bornes du légiflateur , & feroit affez excufable d'avoir indiqué le bonheur du genre-humain. On le compare enfuite à Montefquieu , car la manie de comparer s'empare aujourd'hui de toutes les têtes, & cette derniere reffource de l'orateur eft devenue la feule de nos petits écrivains. D'ailleurs ces deux hommes de génie n'ont que très-peu de rapport entre eux ; une paſſion républicaine anime tous les écrits de Rouſſeau ; un penchant monarchique perce dans ceux de Monteſquieu. Le Contrat ſocial étend la liberté de l'homme, par l'union de toute la terre ; l'Eſprit des loix la reſſerre dans le gouvernement d'un empire ; il étoit donc déplacé de faire la comparaiſon de deux écrivains, qu'il étoit plus aiſé de mettre en oppoſition.

Mais leur rapprochement n'a été conçu que pour les immoler tout deux *au plus grand administrateur de ſon ſiecle*, & c'eſt encore la tendreſſe filiale qui fait les frais du ſacrifice ; elle eſt pouſſée ici juſqu'au fanatiſme, car elle voit le prophete dans l'obſervateur, & le bien futur dans le mal préſent. *Qu'on place donc au-deſſus de l'ouvrage de Rouſſeau*, dit-elle, *celui de l'homme d'état, dont les obſervations auroient précédé les réſultats, & qui ſe livreroit moins en artiſte, a tracer le plan d'un édifice régulier, qu'en homme habile à réparer celui qu'il trouveroit conſtruit.* Ce grand homme d'état avoit donc prévu de tout temps le bien qu'il ſeroit obligé de faire à la France ? En ce cas, il l'a négligée bien long-temps, & il eſt comme ces médecins qui attendent que leur malade ſoit à l'agonie afin de déployer plus d'habileté : ce grand homme d'état , qui aime mieux réparer un mauvais édifice que d'en conftruire un plus durable , va donc bâtir une colonne inébranlable fur les fondations fragiles de fes prédéceffeurs ! en ce cas je fouhaite qu'il fe laiffe aider par les architectes de la nation , qui connoiffent mieux le terrein que ceux de Geneve , & qui ne travaillent point pour une gloire exclufive.

A la défaite du Contrat focial , la fille miniftérielle fait fuccéder une vifion ; elle s'exalte d'abord avec l'auteur des lettres fur la montagne, *qui lui fait voir la liberté fur le fommet des Alpes* ; puis elle s'arrête & dit : *maintenant un fentiment plus fort fufpend toutes mes idées : je crois au lieu de penfer ; j'adopte au lieu de réfléchir ; je vois le génie le plus étonnant , uni au cœur le plus pur & à l'ame la plus forte.* Il eft évident que c'eft encore le même grand homme, qui rend vifionnaire celle qu'il a créée, qui la fait croire , au lieu de la faire penfer , & adopter au lieu de réfléchir ; je conviens que c'eft un remede excellent pour fe faire des créatures aveugles , & il eft feulement fâcheux pour l'opérateur qu'il ne réuffiffe que dans fa famille.

Après la vifion arrive une convocation , *à la*

grande nation assemblée. On ne lui demande pas *ce sentiment aveugle dont on fait sa lumiere*; mais on la prie de *ne pas se défier de la raison.* Quel bonheur qu'on n'exige pas de nous ce *sentiment aveugle !* Pourroit-on refuser de s'y livrer après l'exemple de la femme illustre *qui en fait sa lumiere ?* Mais aussi il étoit inutile de nous engager *à ne pas nous défier de la raison*, car nous la cherchons, au contraire, & nous ne nous défions que de l'intrigue & de cette ambition insatiable, qui ne voit souvent dans les besoins publics que l'occasion & les moyens de s'assouvir.

Ces écarts d'imaginations se terminent heureusement par un souhait aussi touchant que sincere : on desireroit que *Rousseau fût le témoin du spectacle imposant que va donner la France*, & on croit *que c'est-là que les hommes lui eussent paru plus dignes d'estime.* Moi je crois que sa présence eût croisé beaucoup d'intérêts particuliers qui s'agiteront sous le masque de l'intérêt général, & je doute qu'il eût plus estimé les hommes qu'avant cette assemblée. Il les auroit vu contraints de se réunir pour soutenir leurs droits de citoyens, & il n'auroit point confondu le patriotisme avec l'énergie de la nécessité. *Renais donc, ô Rousseau !* s'écrie-t-on avec solem nité , *& viens encourager celui que la France a nommé son ange tutélaire*. Je voudrois savoir quel est le quartier de Paris qu'on appelle la France ; tous ces mots d'*ange tutélaire* , *de génie* , *de sauveur* , ne sont à l'usage que de quelques journalistes , de quelques ex-jésuites , de quelques valets ministériels , qui vivent sûrement dans quelque coin écarté , car on se sert d'autres épithetes dans toutes les sociétés un peu sûres ; & puis un ange tutélaire a-t-il besoin d'encouragement ? Je pense , au contraire , qu'il est si ferme dans ses principes, & si entreprenant dans ses vues , qu'il seroit peut-être plus utile de le décourager.

CINQUIEME LETTRE.

Cette lettre surpasse encore la précédente pour la briéveté & pour le ton suffisant qu'on y prend. On y parle du Devin de Village , comme *d'une bagatelle qui annonce du talent pour la composition* , sans réfléchir dans quel temps Rousseau a composé cet opéra , qui aujourd'hui même, au récitatif près , est fort au-dessus de toutes nos rapsodies d'ancien chant. N'étoit-ce pas l'occa-

fion

fion de rendre hommage à l'homme univerfel, qui le premier nous a fait fentir le vice de notre mufique, par le vice de notre langue, & qui a, pour ainfi dire, invité la mufique italienne à venir nous dégoûter de la nôtre. L'auteur du dictionnaire & de la lettre fur la mufique n'annonce-t-il que du talent pour la compofition? Et une femme qui fait à peine folfier quelques vers à fa louange, doit-elle parler ainfi du plus harmonieux de tous les arts? Mais la mufique eft aujourd'hui un des champs de bataille du déraifonnement. Comme il ne faut que des oreilles pour jouir de fes effets, & quelques mots du métier pour avoir l'air connoiffeur, on entend differter fur la mufique une foule de gens qui n'ont pas la moindre idée de l'harmonie, encore moins ce goût fin & fûr, charme ou défefpoir des oreilles délicates, & qui n'éprouvent même pas le plaifir qu'ils affichent, ni le mécontentement qu'ils affectent.

A l'appui de ces idées difcordantes, fur la mufique de Rouffeau, arrive un petit traité des fenfations qu'elle fait éprouver; avec beaucoup de prétention il eft difficile d'être plus abfurde. *Quel homme*, s'écrie-t-on par exemple, *agité par les paffions de la vie, peut entendre, fans*

D

émotion , l'air qui dans son enfance animoit ses danses & ses jeux ; comme si les souvenirs de toute espece n'avoient pas la même puissance sur lui , & comme s'il étoit attaché une expression réelle aux rigaudons d'un enfant. *Quelle femme,* continue-t-on, *lorsque le temps a flétri sa beauté, peut écouter, sans verser des larmes, la romance que son amant chantoit jadis pour elle.* Comme si une femme s'appercevoit si aisément que le temps a flétri sa beauté, & comme si, lorsqu'elle s'en apperçoit , elle pouvoit pleurer sur autre chose. Mais jamais rien ne s'est imprimé de plus ridiculement faux que l'exclamation suivante. *Ah ! le penchant au vice naît sans doute dans le cœur de l'homme, car toutes les sensations qu'il reçoit par les objets qui l'environnent, l'en éloignent ;* ce ne font donc pas les sensations qui invitent à l'adultere , à l'incefte, au rapt, au viol ? On avoit éprouvé le contraire jusqu'ici ; mais, à la vérité, ce ne font là que des crimes , & nos vices étant d'une trempe plus froide , les sensations n'y entrent peut-être pour rien.

La botanique de Rousseau essuie des ménagemens inattendus de la part de la critique, & le charme qu'il a su répandre sur cette science du

folitaire, méritoit peut-être quelque nouvel outrage ; on le blâme bien un peu d'avoir pouffé
fon goût pour les plantes jufqu'à l'admiration,
& d'avoir plus joui de leur afpect que de leur
utilité ; mais on lui pardonne d'avoir, après ces
longs malheurs, *revu de la pervenche*, avec les
tranfports les plus touchans. On trouve même dé-
cent que cette plante honorée de l'affection de
Rouffeau, lui rappelle fa maîtreffe, fa patrie,
fa jeuneffe & fes amours. J'efpérois que ces fou-
venirs auroient paru un peu libres au même efprit
que l'immodeftie de Julie avoit frappé; mais fi
je me fuis abufé, je crois en voir la caufe dans le
fexe de l'auteur. Dans une femme qui écrit, l'indulgence & la févérité font toujours une affaire
de circonftances, & la prude la plus rigoureufe a
des momens d'oubli où elle pardonne tout.

DERNIERE LETTRE.

Enfin me voici parvenu à ce prononcé ambigu
fur le caractere de Roufſeau. Ses ouvrages ont
été jugés de maniere à ne pas nous faire prendre
le change fur l'intention du juge ; il a fi bien
appuyé fur les critiques, & fi mal compofé fes
éloges en leur donnant un air de charité, que
peu de lecteurs ont été la dupe de l'enthouſiaſme
qu'il affichoit ; fous un étalage amphigourique
de grands mots, on a démêlé la femme maniérée
qui veut paroître au-deſſus de fon fexe ; fous
une rigueur affectée pour la foibleſſe de Julie,
on a vu une femme refpectée, qui de dépit prétend paſſer pour fage ; & fous une grande indulgence, pour les jouiſſances du cœur, on a découvert une femme prudente qui ne veut décourager perfonne. Mais pour attaquer le perfonnel
de Roufſeau, on a été contraint d'employer un
peu plus d'adreſſe, & on s'eſt trahi en gênant
fon allure, ce qui arrive prefque toujours. On a
ramaſſé tout le mal que les hommes ont dit de
Roufſeau, pour étaler impunément fon opinion,
& on a pris fa défenfe de maniere à le faire fuc-
comber fous l'attaque. Ce manege fourd pouvoit

être dangereux pour la mémoire d'un autre homme que Rousseau , mais la pureté de son ame est aujourd'hui trop connue , pour qu'elle puisse être en bute au mépris de la postérité. Sa mort touchante , en calmant la fureur jalouse de ses ennemis , a éclairé sur la bassesse de leur haine ; ainsi , on se seroit épargné la peine de resuciter de vieilles accusations , si on n'eût pas eu le dessein de nuire , & on auroit loué simplement la vertu d'un homme de génie , sans se permettre de la défendre.

Est-ce en effet annoncer une grande estime pour Rousseau , que de débuter par dire , *qu'on cherche à ne pas le trouver en contraste avec ses ouvrages , parce qu'on ne peut réunir le mépris à l'admiration.* Les contrastes qui nous frappent entre ses écrits & ses actions , ne devoient-ils pas naître des élans de son imagination , qui s'égaroit souvent , parce qu'elle n'eut jamais de limites , sans que l'admiration pour les uns , fût empoisonnée par le mépris pour les autres. Et puis quel blasphême , que de tracer le mot de mépris à coté du nom de Rousseau. Les efforts sublimes qu'il a fait dans ses confessions pour échapper à notre estime , nous permettent-ils d'être assez lâches pour la lui refuser. On ose dire aussi que *ces mêmes confessions , n'ont pas ce caractere d'élé-*

vation qu'on souhaiteroit-à l'homme qui parle de
lui-même. Peut-on étaler une plus fausse dignité ?
D'abord *ce caractere d'élévation* seroit déplacé
dans une confession, qui ne doit être que simple
& vraie ; ensuite, la seule élévation réelle, celle
des sentimens, se trouve empreinte dans les
confessions de Rousseau, & lui donne la force
de sacrifier la honte à la vérité. Il examine les
fautes de sa jeunesse avec une sévérité si touchante, qu'il ne reste plus coupable qu'à ses
yeux ; il faut être femme pour ne pas trouver là
de véritable grandeur, & celle qui croit en
montrer ici, préfere sans doute à Rousseau celui
qui avoue ses vertus avec emphase & convient
noblement de tout le bien qu'il a fait.

On nous garantit que *Rousseau n'étoit pas fou,
mais qu'une faculté de lui-même, l'imagination,
étoit en démence.* Et puis pour varier, on ajoute,
qu'à force d'être supérieur il étoit près d'être fou.
Quel jargon insignifiant ! Mais supposé que l'on
sût exprimer ses idées, on se trompera toujours
sur Rousseau, tant qu'on ne séparera point en
lui, la logique saine de l'homme profond, & les
disparates de l'homme exalté ; ses sophismes sont
les distractions du génie, & les confondre avec
les grandes vérités qu'il enseigne, c'est n'avoir
aucun tact ou vouloir être injuste. D'ailleurs

s'aperçoit-on fouvent dans fes œuvres que *fon imagination étoit en démence ?* L'éloquence de la raifon n'y eft-elle pas plus féconde que celle du délire ? & pour parler le langage de la critique, Rouffeau n'eft-il pas trop fouvent fupérieur, pour être fi près d'être fou ? Mais il eft fi commode de ne peindre un écrivain qu'à grands traits ! cela vous difpenfe de l'étudier, vous épargne les embarras du difcernement, & aux yeux des fots, vous donne un air de fupériorité.

On prétend auffi que *Rouffeau étoit fait pour vivre avec un petit nombre de perfonnes d'un efprit borné, afin que rien n'ajoutât à fon agitation inté-rieure,* comme fi c'étoit l'efprit & l'étendue des connoiffances qui l'effrayoient dans le commerce des hommes, lui qui a loué naïvement les grands écrivains de fon temps, & qui auroit d'autant mieux habité avec eux, qu'il leur eût fans peine facrifié fa gloire, que fa fimplicité eût défarmé leur jaloufie, & que fa vertu fans fafte n'eût point effarouché leur foible morale : c'étoit des demi talens & des intrigans dont il redoutoit la fociété ; c'étoit la curiofité infultante des oififs de tout genre qui l'aigriffoit contre l'efpece humaine ; mais ce qui le rendit méfiant & fombre jufqu'à fa mort, ce font les efpions dont on

l'environna pendant quelques années de sa vie ;
il voyoit le genre humain dégradé , dans l'exiftence de ces êtres rampans , qui ne vivent que
de ce qu'ils écoutent , & qui vendent la baffeffe
qui les anime , à la baffeffe qui les emploie. On
ajoute *que Rouffeau étoit bon , & que les inférieurs
l'adoroient.* On ne peut que favoir gré à la critique de croire à la bonté de Rouffeau , mais
qu'entend - elle par les *inférieurs qui l'adoroient.*
Sont-ce des valets ? Rouffeau ne fouffrit jamais
qu'un homme le devint pour lui. Sont-ce des
payfans ? Ils étoient à fes yeux les rois de la
terre. Il auroit été fort étonné qu'on fe fervît du
mot inférieur pour claffer un individu ; il voyoit
bien des efclaves & des maîtres , mais il ne
croyoit pas les uns inférieurs aux autres, & dans
l'amertume de fa mifanthropie , il méprifoit également ceux qui gouvernent & ceux qui fe
laiffent gouverner.

Cependant après avoir fait un réfumé de
quelques bonnes qualités de Rouffeau , on décide
*qu'on ne peut pas dire pour cela qu'il étoit vertueux ;
parce qu'il faut des actions & de la fuite dans ces
actions , pour mériter cet éloge ;* qu'on doit être
pénétrée de fa vertu, quand on immole ainfi
celle de Rouffeau ! Mais il feroit pourtant plus
prudent d'en pénétrer les autres , avant de fe

montrer fi rigide ; fans cette précaution, il eft
difficile de perfuader que Rouffeau n'étoit pas
vertueux, & les lecteurs méfians font toujours
incrédules ; il faudroit auffi un peu mieux définir
la vertu, avant de la refufer au meilleur des
hommes ; ne la faire confifter que dans une
longue fuite d'actions, c'eft la confondre avec
la gloire, & préférer l'activité de l'ambitieux à
la tranquillité de l'homme de bien. Mais Rouffeau
plaçoit la vertu dans l'obfcurité, & ne voyoit
dans le bruit que de l'orgueil ; voilà fûrement
ce qui lui enleve l'eftime d'une femme célebre ;
on n'admire aujourd'hui que les vertus qui fe
publient, & on ne fait nul cas de celles qui fe
fuffifent.

On revient encore ici fur *le peu d'élévation de
fes confeffions*, & on avoue *qu'il y a des traits qui
révoltent les ames nobles*. Pour calmer leur indignation, je voudrois que *ces ames nobles*, euffent un
moment le courage d'écrire leurs confeffions.
Elles s'apercevroient alors combien l'homme
repentant qui fe rappelle avec fermété jufqu'aux
baffeffes de fon jeune âge, eft au-deffus de
l'homme vain qui oublie noblement les fiennes. Si
leur mémoire devenoit plus exacte, leurs aveux
feroient pour le moins auffi révoltans que ceux
de Rouffeau, & l'humilité les rameneroit peut-

(58)

être à l'indulgence ; mais *les ames nobles* ne perdent pas leur temps avec le repentir ; elles le regardent comme au-deſſous d'elles & mépriſent les petites ames qui ſe laiſſent toucher à ſa voix. L'interprete de *ces ames nobles* leur accorde encore *le droit de s'indigner de ce que Rouſſeau ſe croyoit le meilleur des hommes*, mais elle veut bien une fois en paſſant, ne pas participer à l'indignation générale ; elle convient que *ce mouvement orgueilleux ne l'a point éloigné de lui*, & elle en conclut que *Rouſſeau ſe ſentoit bon*, ce qui eſt inconteſtable, car ſi Rouſſeau eût eu mauvaiſe opinion de lui, la concluſion auroit été qu'il ſe ſentoit méchant ; voilà ce qu'on appelle de grandes vérités ; celle-ci paroît d'abord un peu ingénue, mais le nom de l'écrivain ne permet pas long-temps cette idée, & rend à la penſée toute ſa profondeur. Tout en excuſant Rouſſeau *de s'être ſenti bon*, on laiſſe échapper des réflexions qui ne ſont ni naïves ni profondes. En voici quelques-unes : *l'élévation de l'ame eſt une qualité qu'une ſeule faute fait perdre*, c'eſt-à-dire qu'il faut être parfait pour conſerver à jamais une belle ame, ce qui eſt d'une morale bien douce & ſur-tout bien ſenſée. *Rouſſeau eſt peut-être le ſeul homme qui ait été bas par momens, car c'eſt de tous ces défauts le plus habituel,*

ce qui eſt d'une grande juſteſſe touchant la vie
entiere de Rouſſeau, qui dans ſa jeuneſſe paya ſa
dette à la foibleſſe humaine, mais qui depuis
l'âge de quarante ans déploya toute la dignité de
l'homme ; n'eſt-ce pas prouver une grande con-
noiſſance de Rouſſeau, que de voir en lui un
penchant invincible à l'aviliſſement, & n'eſt-ce
pas ſe montrer bien jaloux de ſa gloire, que
de le préſenter tel aux lecteurs peu inſtruits, &
de s'efforcer à tromper les autres, en s'efforçant
de ſe tromper ſoi-même ?

On aſſure qu'*il ne devint le plus malheureux de
tous les êtres, que lorſque cette cruelle folie de l'injuſtice & de l'ingratitude des hommes l'eut ſaiſi* ;
c'étoit en effet une grande folie à Rouſſeau, que
de s'imaginer qu'on le perſécutoit, & qu'au lieu
de bénir ſes écrits bienfaiſans, on les envenimoit
pour détruire leur ſuccès. Quel homme de bien
fut plus que lui méconnu par ſes ingrats con-
temporains ? Et ne pouvoit-il, ſans perdre la
raiſon, ſentir toute l'amertune de ſon ſort ? Son
imagination groſſiſſoit quelquefois le mal qu'on
vouloit lui faire ; mais il ne falloit pas cette illu-
ſion de plus pour l'accabler, & la haîne d'un
ſeul homme l'affectoit autant qu'une conjuration
générale. Quand on a la prétention de deviner
tout ce qui s'agitoit dans la tête de Rouſſeau, on

devroit pefer avec plus de juftesse tous les maux qu'il souffrit & tous les biens qu'il opéra ; on devroit se rappeller comme on abufa de fa délicatesse & de fa franchise, pour attaquer fon cœur par les endroits les plus fensibles. Alors on n'appelleroit plus folie la méfiance que ses vils ennemis lui avoient infpirée pour la nature entiere, & on refpecteroit le génie jufques dans les égaremens de fa douleur.

Mais toutes ces fuppofitions de *folie*, *de baffesse & de fauvagerie* (car on a créé ce mot élégant pour mieux peindre Roufseau.), n'ont été imaginées que pour amener une fuppofition encore plus groffiere. On regarde comme certain qu'il s'eft donné la mort, & on fe pénetre de cette erreur avec une foumiffion qu'on cherche en vain à communiquer au lecteur. Il falloit, pour accréditer ce fuicide imaginaire, l'appuyer de circonftances frappantes, ou lui donner au moins des caufes innocentes, & c'eft ce qu'on n'a pas même voulu faire. Quel bonheur que la calomnie foit aujourd'hui fi mal-adroite ! elle veut nuire, & ne fait feulement pas fe déguifer ; elle eft donc plus utile qne dangereufe, car elle dégoûte les gens d'efprit d'avoir recours à elle. Par exemple, *eft - il dangereux de dire que le défefpoir de Roufseau fut caufé par ce découragement de vivre* qui *saisit tous les hommes isolés ?* Non ; car tout le monde sait que la vie ne pouvoit lui être à charge qu'au milieu d'un monde corrompu , & que c'étoit dans la solitude qu'il sentoit renaître tout son courage. Est-il dangereux aussi d'insinuer *que Rousseau étoit tourmenté de quelques remords, & qu'il avoit besoin de se sentir aimé pour ne pas se croire haïssable ?* Encore moins ; car il suffit de lire Rousseau, pour sentir que le remords étoit aussi loin de son cœur qu'il étoit peu fait pour le troubler, & que s'il desiroit d'être aimé, ce n'étoit point *pour ne pas se croire haïssable,* mais parce qu'il se jugeoit digne de l'amitié des hommes, & que sa vertu souffroit de se voir réduite à l'inaction.

Mais ce sont les circonstances dont on bâtit ce suicide qui ont achevé d'en détruire l'idée; car leur fausseté a été démontrée par une femme (1) qui fait montrer son esprit, sans nuire à la pureté de ses sentimens, & qui a défendu les derniers jours de Rousseau avec le zele & l'expression de la vérité. Dans une lettre à la savante accusatrice de ce grand homme, elle a prouvé que sa mort fut grande & naturelle, qu'il l'attendit sans impatience ni précaution, & que son dernier soupir

____

(1) Madame la comtesse de Vassi.

exprima les regrets de l'ami de la nature. Elle
a prouvé auffi que la grace qu'une femme fans
prétention conferve dans fon ftyle, mife en op-
pofition avec la vanité pédantefque d'une femme
écrivain, eft la fatyre la plus fine qu'on en puiffe
faire.

Je termine donc ici l'analyfe trop férieufe d'un
ouvrage qui ne méritoit peut-être qu'un coup-
d'œil & une épigramme; mais ce qui a excité ma
pareffe à fortir de fes bornes, c'eft d'abord l'occafion de déployer toute ma paffion pour Rouffeau, & enfuite la platitude de quelques gens de
lettres qui n'ont pas rougi, dans cette même
occafion, de fe laiffer gagner par l'engouement
de la fociété : je n'ai jamais pu voir fans dépit
l'influence des gens du monde fur la littérature
moderne. Etrangers à tous les talens de l'écrivain, aux beautés du ftyle, aux nuances imper-
ceptibles du bon goût, au précieux enchaînement des idées, en un mot à toutes les fineffes
de l'art, ils veulent juger tout ce qu'ils lifent, &
croient entendre tout ce qu'ils jugent; infenfibles
aux charmes de l'expreffion, la penfée brute eft
tout ce qui les frappe, & cela feul les fépare à
jamais des gens de lettres ; c'eft parmi eux qu'ont
pris naiffance ces êtres amphibies, connus fous
le nom d'amateurs, qui ont la manie & non le

goût des beaux arts, qui affectent de tout étudier pour avoir l'air de tout apprécier, & qui font réduits à protéger ce qu'ils font dans l'impuif-fance de créer. Enfans gâtés de la fociété, ils y font fouvent regardés comme des génies ; mais fi, par malheur, ils defcendent dans l'arene littéraire, armés de quelques vers, ou de quel-ques lignes imprimées, ils font vaincus comme écrivains par les derniers des écrivaffiers ; penfer n'eft pas un métier, mais écrire ce qu'on penfe en eft un : voilà ce que les gens du monde n'en-tendront jamais. Les vrais littérateurs devroient donc fe féparer à jamais de ces beaux efprits mondains, & leur abandonner nos femmes let-trées comme les feuls rivaux dignes de leur colere.

F I N.